Brigitte Willigens

Lisez... tout simplement

poésie

Éditions Dédicaces

LISEZ... TOUT SIMPLEMENT, par BRIGITTE WILLIGENS

RECUEILS DE POÉSIES DE LA MÊME AUTEURE :

- Au fil de la vie (éditions Mille Poèetes, 2004) – préface de Jenny Marty, poétesse.
- Pensées et mots brodées avec le cœur et la plume (éditions Mille Poèetes, 2006) – préface de Abdelouahid Bennani , professeur de philosophie et écrivain.
- Exil au pays des poèmes (éditions Mille Poèetes, 2007) – préface de Marie-Pierre Dumon, poétesse.
- Au gré de ma plume… au fil de… (Éditions Dédicaces, 2009) – préface de Francine Minville, poétesse et parolière.

Dépôt légal :
Bibliothèque et Archives Canada
Bibliothèque et Archives nationales du Québec

Un exemplaire de cet ouvrage a été remis
à la Bibliothèque d'Alexandrie, en Egypte

ÉDITIONS DÉDICACES INC
675, rue Frédéric Chopin
Montréal (Québec) H1L 6S9
Canada

www.dedicaces.ca | www.dedicaces.info
Courriel : info@dedicaces.ca

Brigitte Willigens

Lisez... tout simplement

Préface

Ce recueil, « Les poésies de Brigitte Willigens » est le cinquième ouvrage de notre auteur de La Motte-Servolex.

Un livret poétique qui rassemble une centaine de textes de différentes constructions classiques ou en vers libres. Une écriture où l'on retrouve toute la grande maîtrise de la prosodie poétique d'une Brigitte Willigens en pleine maturité de son art.

Au gré des pages et des sept chapitres d'une dizaine de poèmes qui composent cet ensemble, quelques photographies, dessins, aquarelles, viennent illustrer les propos du poète et nous invitent parfois à une halte initiatique entre les "confidences et les murmures" de ce temps qui passe et qui demeurent pourtant bien accrochés dans un petit coin de la mémoire.

Brigitte Willigens ouvre grand ses paupières sur tous les paysages qui se dressent devant elle.

Elle sait nous restituer cette « Immensité-Infini Éternité » de ce ciel à perte de vue, ces rêves fous et étranges lorsque le miroir du ciel nous révèle de "troublantes sensations".

Elle a gardé le secret des "promenades du soir" sur les berges du lac du Bourget si cher à Lamartine, au temps jadis où le cœur du poète chantait pour la belle marquise.

Éblouissante Savoie, lorsque "calme et douceur" "à la tombée du jour", les derniers rayons du soleil flirtent avec les cimes enneigées alentours. "Montagnes chéries" aux noms si particuliers, d'une Dent du chat, d'une Croix blanche du Nivolet, d'un col du Granier.

Toujours attentive aux moindres choses de la vie, qui souvent nous rattrapent mine de rien et font renaître ces instants de bonheur et de peine que l'on pensait à jamais enfouis au plus profond de nous. Et ce sont ces beaux poèmes de "retrouvailles", d'une "cours de récréation", "de ma salle de classe" d'un "grenier" aux malles pleines de poussière que nous offre Brigitte Willigens pour notre plus grand plaisir.

La poésie de Brigitte, comme elle l'est depuis plusieurs années dans sa vie publique au service de sa ville, est généreuse, sans fioritures.

C'est une écriture de partage et de "confidences aux creux des cœurs". Une jolie brindille de poésie aux fonds des yeux.

RICHARD TAILLEFER

Remerciements

Merci à

Mon ami, Richard Taillefer, pour sa préface

Ma fille, Géraldine Willigens,

Mon frère, Jean-Luc Hochard,

Mes amis Joëlle Masson, Marie-Jo Blanc, Bruno Chevallet, Florence Enders, Domie, et Dominique Debourg

pour leurs photos, aquarelles, sculptures qui agrémentent ce recueil.

« La poésie n'a pas d'autre but qu'elle même »

CHARLES BAUDELAIRE

Immensité
Infini
Éternité

« Immensité dit l'être, éternité dit l'âme. »
VICTOR HUGO

Ciel de l'infini

Au milieu de ce ciel voilé par des nuages qui s'effilochent doucement
S'est creusé ce trou de bleu profond où s'envolent les pensées rieuses,
Et les sentiments de communion entre notre terre et cet infiniment grand
Aident chacun à trouver son havre de paix au-delà de cette nappe nébuleuse.

Les contours de cette trouée magique, sans cesse modifiés par le zéphyr
Provoquent un imaginaire mille fois renouvelé par les yeux et le cœur
Pour faire naître et se dessiner sur nos lèvres le plus beau des sourires
Qui efface toute trace de larmes et estompe toute forme de peur.

La voute céleste pleine de mystères et d'attraction intellectuelle
Fascine tout un chacun qui s'y intéresse ou s'attarde à la contempler
Et peut être source d'une certaine addiction douce et sensuelle
En transcendant les espérances secrètes et les sentiments entremêlés.

Torrent de montagne – photo de Jean-Luc Hochard

Paysage de sentiments

Dans la vallée profonde de mon cœur
Bondit le torrent de mes sentiments ;
Au son des orgues magiques des airs,
S'éveille l'arc-en-ciel de mon amour
Qui fait frémir chaque nuage
Au doux souffle du vent coloré.

Les écharpes multicolores du bonheur
S'accrochant aux pentes de mes montagnes
Et effilochant de doux et tendres lambeaux
Dans les plis des versants ensoleillés
Semblent dessiner, peindre ou décrire
En langage de parfaite innocence
L'histoire du passé et de l'éternité.

Rêve en nuages

Scrutant la forme de ces nuages
Comment ne pas croire y trouver
L'expression de nos désirs fous
Dans une image fugace.

Mais quand le moindre souffle
Vient perturber cet imaginaire
Et fait disparaître le reflet de nos rêves
Il n'est pas impossible d'en créer un nouveau.

Telle est la vie,
Tout va, tout vient, tout repart
Et chaque instant réserve des surprises
Et rien n'est jamais figé.

Printemps, éveil de la nature...

Pas à pas, en toute discrétion, il s'est aventuré entre les branches
Il a marqué son territoire en semant timides fleurs et petits bourgeons
Pour laisser entrevoir cette renaissance qui réchauffe nos cœurs.

Monsieur Printemps est sorti de son sommeil réparateur et fidèle.
Son emprise sur sieur Hiver n'en finit pas, elle est à peine perceptible ;
Chacun d'eux semble vouloir rester en conflit ou en jeu de cache-cache.

Les rayons de soleil, bas sur l'horizon, réchauffent à peine le sol
Qui, hier encore, était vêtu de son manteau couleur de neige.
Les journées s'allongent doucement, oiseaux et insectes s'éveillent.

Tout est là pour nous dire que l'éternel recommencement n'a pas failli.

Derniers jours...

Elle avançait précautionneusement, à petit pas
Comme pour économiser ses forces, et aller au plus loin
Et, soudainement son ciel obscur s'est illuminé
Tout a changé et le poids de son parcours s'est allégé.

La fin de sa vie, chargée de tous ses souvenirs,
Parsemée de joies, de soucis et de malheurs
Etait devenue pesante et difficile à poursuivre
Mais la sensation d'une fin proche a tout changé.

Il lui fallait rendre ces derniers moments légers
Se libérer de toutes ses rancœurs et vilenies ;
Le passage sur l'autre rive, dans l'au-delà inconnu
Méritait une conscience légère et sans reproche.

Après avoir convié délicatement son entourage,
Et écrit ses souvenirs sans fard ni fioriture,
Elle s'est allongée discrètement dans le lit de la mort
Avec un sourire de paix dessiné sur ses lèvres.

Tout en douceur ...

Des larmes plein les yeux,
Mais sans amertume aucune,
Tournée vers le silence bleuté de l'horizon sans fin,
Je vois s'évaporer au milieu des senteurs et des couleurs
Toute la beauté d'une vie qui ressemblait à une éternité ;
Parsemée de bonheurs et de tristesses s'entrelaçant sans combat
Mais au sein d'une onctueuse et savoureuse douceur.

Par ci, par là ...
Des visages aux milles facettes ont formé le plus grand des cortèges
Et des mains grandes ouvertes lancent des pétales de sentiments
Qui virevoltent pour retomber et former ce tapis de douceur
Que je foulerai dans ce dernier au revoir
Sans tristesse ni regrets.

(janvier 1991)

Soir de la vie

Cahin caha il poursuit son bonhomme de chemin,
Louvoyant sur les routes escarpées de la vie
Et croulant sous le poids de son bagage de souvenirs,
Dans l'espoir d'atteindre bientôt le but extrême.

Un coup d'œil furtif par-dessus son épaule sur son passé
Lui fait prendre la mesure du temps écoulé,
Mais aussitôt il regarde à nouveau vers cet avenir
Qui lui parait à chaque instant plus court et mystérieux.

On ne revient jamais de ce dernier voyage, pense-t-il,
Et personne n'a pu nous renseigner sur sa réalité,
Mais sa foi profonde et son éternel optimisme sont là
Pour atténuer les peurs naturelles qui pourraient surgir.

Des fleurs joncheront-elles les bas-côtés du chemin ?
Des chorales ou fanfares d'oiseaux l'accueilleront-elles ?
Une douceur ouatée et apaisante l'enveloppera-t-elle ?
Ses amis et parents seront-ils là pour l'accueillir ?

L'étape finale de la vie terrestre est nommée paradis
Et tout laisse penser, dans l'évocation de ce mot,
Que le bonheur sera au rendez-vous sans conteste
Après une vie parsemée de bons et moins bons moments.

Rêve fou...

Que dirais-tu, mon bel ami
D'une envolée au milieu des nuages
Où, dans ce superbe infini,
Aucun de nous n'aurait plus d'âge ?

L'auréole bleutée de ta tendresse
Se confond si parfaitement avec ce décor
Que je n'envie plus que cette ivresse
Qui me ferait oublier nos corps.

Peut-on imaginer plus beau voyage
Que celui qui nous envelopperait
D'un si merveilleux présage
Bien au delà de ce que l'on attendait !

Qui comprendra enfin qu'au lieu de la vieillesse
Chaque soir lorsque l'on s'endort,
On attend tout un monde plein d'allégresse
Où l'on aimerait rester encore et encore.

« Ciel et mer en colère »
Photo de Jean-Luc Hochard

Éléments bipolaires

Vent, doux zéphyr qui caresse nos joues et nos cheveux,
Vent, coléreux et effrayant qui se déchaîne dans les cieux,
L'un comme l'autre vous restez un mystère inexpliqué
Et vous jouez de votre douceur ou de votre force entremêlées.

Océans à la surface plane et mystérieuse, frémissant sous le vent,
Océans déchaînés, aux mille vagues en rouleaux démesurément grands,
L'un comme l'autre vous nous émerveillez par votre immensité
Et vous dégagez une impression inoubliable de parfaite éternité.

Feu dans l'âtre pour réchauffer les paisibles soirées en famille,
Feu dévastateur et incontrôlable qui anéantit nos forêts des Alpilles,
L'un comme l'autre vous nous procurez une incontrôlable fascination
Et vous engendrez bienfaits ou malheurs selon vos interventions.

Etrange ?

Le firmament s'est ouvert sur une nouvelle éternité
Dont la profondeur fait vibrer mon âme
Dans un chant de sirène que nul ne perçoit.
L'immensité sans égal de la douce atmosphère
Enrobe élégamment la tour de mes sentiments
Qui s'échappaient en spirale vers un bel infini.
Le demain auréolé d'une lumière douce et transparente
Surgira de ce néant imaginé et ancré dans l'éternité.

Ciel et mer à la tombée du jour

Quand subrepticement dans les dernières lueurs du jour
S'entremêlent les formes et couleurs du ciel et de la mer,
Clairs et sombres reflets d'une journée qui s'achève
Remplissent nos cœurs d'une sérénité apaisante
Empreinte d'admiration, incompréhension et sublimation
Face à cette nature incomparablement merveilleuse.

Assise sur le sable fin et frais de cette plage déserte
Mes pensées vagabondent et s'accrochent à l'immensité.
Le passé, le présent et l'avenir semblent se confondre
Dans cette pénombre qui s'étale telle un voile de douceur
Apportant une sensation d'irréalité et d'errance délicieuse
L'apaisement de ces instants reste inoubliable.

Immensité d'un domaine skiable dans les Alpes
Photo de Jean-Luc Hochard

Sublime nature vierge

A l'arrivée, sur ces hauts sommets enneigés,
Comment ne pas ressentir cette sublime admiration
Devant l'immensité de cette blancheur immaculée,
L'amour vibrant de la nature m'emplit d'émotion.

Au-delà des crêtes, l'autre côté de la vallée,
Voilé délicatement par une brume qui s'étire
Donne un air inconnu à tous ces sites jamais explorés
Et ne peut que transcender l'air que je respire.

Le sentiment de plénitude m'envahit et me paralyse ;
A mes pieds, les cristaux de neige multicolores
Scintillent et reflètent un ciel qui me grise ;
Le sol et le ciel se confondent encore et encore.

La brise fraîche qui se lève m'incite à la descente
Et je commence à glisser, zigzagant dans la poudreuse
Avec au cœur cette sérénité qui chante et m'enchante
Jusqu'à l'arrivée dans la vallée, … toujours plus heureuse.

Illusion
Profondeur

« L'illusion est la première apparence de la vérité. »
RABINDRANÀTH TAGORE

Miroir... Beau miroir

Assise sur l'herbe fraîche,
Au bord du petit étang,
Face à moi-même,
Je plonge avec curiosité
Dans le miroir de mon âme,
Le miroir de mon cœur ….
Est-ce un miroir déformant ?
Miroir au fond des yeux ….
Est-ce un miroir sans tain ?
Miroir magique ….

Assise sur l'herbe fraîche,
Au bord de cet étang,
Je peux rêver doucement,
Cherchant avec gaieté,
Ou peut-être anxiété,
Ce que me renvoie
Ce miroir d'eau plane

Petit lac de Montagne près de Chamonix
Photo de Joëlle Masson

Que sera demain ?

Un instant de perte d'équilibre, complètement inattendu,
Au bord de ce qui pourrait être une fin,
L'appel vers le vide et le néant plus fort que la joie,
L'espérance et le bien-être du présent.
Que penser de cet état d'âme qui vous submerge sans préambule
Et sournoisement, qui semble vouloir diriger tous vos désirs
Et tous vos chers projets de demain vers un précipice ?

Ne faudrait-il qu'un instant d'inattention pour ne pas savoir dire non,
Ne pas pouvoir résister, s'abandonner aux bras du destin
Se laisser aller vers un inconnu plein de questionnements
Ou peut être d'une étrange beauté ?
Et pourrait-on envisager d'appeler cet état de fait une sorte de folie,
D'inconscience, d'abandon, de renoncement ;
Une vraie lucidité qui nous épargnerait un avenir incertain, effrayant,
Et peut-être pire ….
Que de très petits instants décisifs, peut-être faciles, mais irrémédiables.

La première fois que ce genre de conflit intérieur vous arrive,
C'est une certaine défaillance, une certaine incompréhension,
Une complète désorientation,
Mais les traces restent indélébiles et les souvenirs en reviennent,
Incessante perturbation de la suite du présent
Que l'on a choisi sans savoir pourquoi.
La vie en est toute changée, ….
Et rien n'est plus et ne sera jamais plus comme avant.

Demain reste un mystère ….

Force d'avenir

Les yeux ouverts, perdus au fond des souvenirs
Regardent avec nostalgie ce qui ne pourra se finir,
Et ne savent plus ni voir ni apercevoir l'avenir
Qui laisse deviner une autre forme de plaisir.

Le cœur serré et pétri de tous les tourments
S'ouvre pour accueillir l'amour toujours présent,
Qui s'était concrétisé par le plus beau des serments,
Mais ne peut apprécier le futur de ces doux instants.

Au rythme ralenti des battements de son cœur
S'égrènent les heures d'une éternité sans saveur
Qui ne comblent pas le fossé d'absence de bonheur,
Mais qui laisse entrevoir au loin une palette de couleurs.

Le mélange inextricable de souvenirs d'errance
Et les cendres d'un amour en décadence
S'envolent au gré d'une brise légère de délivrance
Où des délices inespérées parsèment l'existence.

L'espoir d'un avenir plus favorable à la rêverie
Sera-t-il assez fort pour transformer en paradis
Un passé révolu tapissé de souffrances et soucis
Mais ouvert et porteur d'une merveilleuse prophétie.

Douloureuse absence

En cette sainte mais glaciale nuit de Noël,
Aux marches de la grande cathédrale
Se pressait le cortège des fidèles
Tandis que résonnaient les chants de la chorale.

Grands et petits arboraient une mise réjouie
Et tous se saluaient très chaleureusement
Comme il se doit au cours d'une telle nuit
Et chacun, en famille, rejoignait son banc.

Au milieu de cette sainte Assemblée
L'ambiance magique de cette fête de Noël
Devait faire ressentir une pleine sérénité
Amplifiée par une musique solennelle.

Mais je me suis sentie soudain submergée
Par une douloureuse bouffée de sanglots
Que je n'arrivais pas à réprimer
Serrant mon cœur comme dans un étau.

Dans cette ambiance de la nativité
Pourquoi mon esprit ouvert à une vraie foi
Devait-il ainsi paraître se dérober,
Et me laisser dans un tel désarroi ?

Que se passait-il au fond de mon cœur ?
Tout à coup s'est manifestée la cruelle absence
Difficile à accepter, de ma chère et tendre sœur,
Qui, par sa mort si récente, m'a causé tant de souffrance.

Au fur et à mesure des lectures et prières
Mon chagrin si difficile à contrôler,
S'est estompé et en fermant les paupières
J'ai cru un moment pouvoir la retrouver.

(Noël 2005)

Cacophonie

Sur les sentiers escarpés de la triste musique
Dansaient et pleuraient violons et archets
Sous l'épais manteau des nuages magiques
Au son des cors célestes bruyants et muets.

Que dire de cette douce et sombre cacophonie
Qu'engendraient les sentiments entremêlés
De tous ces humains en mal d'harmonie
Malgré leurs efforts donnés sans compter.

Que restera-t-il au fond des esprits chagrins
Lorsque le soleil dissipera ces tourments
Et que les violons et archets seront en chemin
Pour faire revivre les humains par enchantement.

Ballade insolite

Mon cœur et mon esprit ont décidé de partir en ballade
Ce soir, sans m'en avoir informée, et si soudainement,
Et je me retrouve un peu désemparée et d'humeur maussade
Mais je vais attendre leur retour docilement et sereinement.

Qu'ai-je besoin de leur présence en cet instant pour être heureuse ?
Mon corps livré à lui-même, maître de cérémonie et du voyage
Peut trouver sans risque de grandes émotions fâcheuses
Le chemin tracé par le seul attrait d'une escapade sauvage.

Après cette épopée de vagabondage sans cœur et sans esprit
La sensation d'une certaine lourdeur au pays des sensés
Fait appréhender ce retour inattendu vers le monde réfléchi
Sans que puisse intervenir la notion d'un choix délibéré.

Troublante sensation

Mon esprit vagabonde, dans une sorte d'apesanteur
Et mes idées folles se cognent à la voute céleste ;
Mes sentiments s'envolent dans la profondeur de l'immensité
Et mon écharpe d'amour s'effiloche au gré du vent,
S'accrochant aux cimes des arbres de vie.

L'atmosphère est parsemée de chagrins et de délices
L'orage gronde dans le lointain, les éclairs zèbrent le ciel,
Mais la lumière de la renaissance brille de son pouvoir magique
Pour célébrer l'insolente beauté de la vie qui se déroule
Sans que notre conscience puisse évaluer sa chance inouïe.

Silence, ami ou ennemi ?

Pendant d'interminables périodes,
Je t'ai appelé en vain de toutes mes forces
Pour que tu m'accompagnes de ta douce présence,
Pour ne plus entendre tous ces sons désagréables,
Pour ne plus subir toutes ces cacophonies.

Je pensais que tu m'avais abandonnée !
Mais ton retour tant attendu et inespéré
Est venu à nouveau peupler mes heures
Et mes nuits ont retrouvé leur beauté.

Comment comprendre ces contradictions,
D'éprouver une certaine nostalgie
De certains doux bruits qui te rompaient ?
Ami Silence, pourrais-tu devenir mon ennemi ?

Anéantissement

O mon Dieu, que m'est-il arrivé ?
Mes sentiments, mes rires, mes pleurs et mes pensées
Se sont envolés dans une spirale indomptable
Traversant l'atmosphère et rejoignant les cieux !

Mon corps ici bas n'est plus qu'une coquille vide
Qui résonne et attend je ne sais quel miracle
Pour retrouver un semblant de vie,
Pour ressentir à nouveau de belles émotions,

Pour aimer et accueillir le retour de douces vibrations
Ou au moins espérer connaître un jour prochain
Une renaissance pleine d'espérance après cette cassure.

L'impression de néant et de tourbillon sans fin
Enchaîne mon esprit et déchire cruellement mon cœur.
O mon Dieu que m'est-il arrivé ?

Tourments

Les instants de délices se mirent
Dans les profondeurs de rêves échafaudés
Et leurs reflets illuminent sans fin
Le tableau d'une vie qui s'est construite.

Toutes ces âmes sans nom forment
Une farandole délicieuse et imprègnent
Les pensées d'un imaginaire de
L'au-delà d'où nul ne revient jamais.

Dans chaque volute blanche de sentiments purs
Prennent vie la désinvolture et la rébellion
Que dissimulaient la jeunesse et la réserve
Mais qui se transforment chaque jour
Davantage en un grand désarroi de l'entourage,
En une suite d'incompréhension
Et de désir de s'immiscer dans une vie
Qu'il faut mener au risque de se perdre
Ou de la grandeur d'avoir frôlé l'irrémédiable.

Prête au départ

Assise sur la margelle du bonheur,
Et se remémorant ses années de labeur,
Le regard perdu au-delà de l'espace
Le cœur empli d'une immense audace
Elle entonne le chant des souvenirs
Parsemés de tous ses pleurs et rires.

La vrille des aléas de sa longue vie
A strié sans vergogne son âme et son cœur
Mais son ressenti final la comble d'émoi
Et tout le cortège de ceux qu'elle a aimés
Chante sa vie en refrain de douceur
Pour l'accompagner dans son passage.

Jouissance
Douceur

« *Les jouissances de l'esprit sont faites pour calmer
les orages du coeur.* »
MADAME DE STAËL

Calme et douceur

Le long de ce paisible canal
Je me suis promenée lentement
Empruntant le chemin de halage
Et jouissant d'un moment merveilleux.

Sur l'eau si étale
Glissait lentement une péniche
Et les rayons du soleil
Traversaient les feuillages dorés.

Dans le silence plein de doux bruits
J'ai perçu plus loin le chant du coucou
Le bruissement des ailes de papillons
Et le tintement du clocher du village.

Instants magiques où l'on peut oublier
Momentanément tous les soucis
Et jouir des bienfaits du silence
Et de la douceur du jour qui tombe.

Canal de Savière (Savoie)
Photo de Brigitte Willigens

A la tombée du jour

Profitant des derniers rayons du soleil
Et de la douce fraîcheur du soir,
Allongée sur la mousse au bord de ce petit ruisseau,
Je contemple, émerveillée, l'immense variété des couleurs :
Le bleu du ciel, d'une profondeur si mystérieuse,
Les verts si variés de toute la végétation :
Les arbres, feuillus et conifères,
L'herbe fraîche et les divers feuillages,
Toutes sortes de petites fleurs
Si frêles, paraissant si fragiles,
Roses, mauves, jaunes, bleues, orangées …

Toutes ces merveilles de la nature,
Au milieu d'un concert de doux bruits,
Dans cette immense impression de silence,
Le clapotis du ruisseau,
Le bruissement des feuilles,
Le chant des oiseaux
Sont la plus belle façon de finir la journée
Avant de glisser en douceur dans un sommeil apaisé.

Petite promenade d'un soir...

Mon ami, il fait assez doux ce soir
Pour que nous marchions dans le noir
Et profitions de cette promenade à petits pas
Vers ce merveilleux ruisseau en contrebas.

Quand nous reviendrons de ce petit tour,
Tout imprégnés de liberté, nous irons faire l'amour
Et sans penser à nos différences,
A nos préjugés tirerons la révérence !

Puis au petit matin, encore incrédules
Mais obligés, bien entendu par la pendule,
Nous nous séparerons à contrecœur
Mais emplis d'un incomparable bonheur

Chante et danse mon cœur

Chante et danse mon cœur
A l'arrivée du printemps
Quand naissent les premiers bourgeons et nouvelles fleurs,
Et quand les chants d'oiseau emplissent les taillis.

Chante et danse mon cœur
Au cours de cette merveilleuse randonnée
Au milieu des monts et vallons, le long des torrents,
Quand l'automne nous offre ses coloris d'or

Chante et danse mon cœur
Quand les premiers flocons virevoltent
Et recouvrent délicatement le paysage
Pour le transformer en une sublime dentelle.

Chante et danse mon cœur
Au cours de cette promenade sur la plage
Quand le ciel et la mer ne font qu'un à l'horizon
Et qu'il nous semble faire partie de cette éternité.

Chante et danse mon cœur
A la naissance de ce nouvel enfant
Qui vient combler le cœur de ses parents
Après l'attente pleine de mystère et d'espérance.

Chante et danse mon cœur
Devant la beauté des sentiments d'amour
Qui unissent ces tendres amoureux
A l'entrée de cette église où ils vont se marier

Chante et danse mon cœur
Quand la solidarité gagne sur l'horreur
Devant les catastrophes et la grande misère
Et que le monde paraît aussitôt plus beau.

Toc... - Toc... - Toc...

Toc, toc, toc !!!
Mais qui frappe à mon cœur ?
Oh, mais c'est toi « Bonheur » !
J'ai failli ne pas te reconnaître
Tout emplie de mon mal-être !

Comme tu as bien fait d'insister
Je craignais de ne plus te rencontrer.
Non pas que tu te sois fait tout petit,
Mais l'espoir ne me semblait plus permis.

Comme sont belles nos retrouvailles !
Je vais me glisser dans tes entrailles
Pour ne plus risquer d'oublier
Comme il est doux de te côtoyer.

Bonheur, tu es toujours présent
Mais hélas il n'est pas vraiment évident
De te reconnaître et t'apprécier
Quand tout essaie de te faire oublier.

En attendant « Demain »

Le temps semble s'être arrêté, tout paraît figé
Où est passé le soleil qui pouvait me réchauffer ?
La pénombre a envahi la terre, et j'ai peur …
Des lambeaux de brume s'effilochent en douceur.
La nuit tombe doucement, quoi de plus naturel ?
Mais pourquoi ce soir plus qu'hier est-ce plus cruel ?
Les soucis et tracas ont pris possession de mon destin
Et ne semblent pas devoir connaître une fin.

Tout doucement et sans bruit, la nuit s'est installée
Et petit à petit les sensations pénibles se sont estompées.
Dans un paisible sommeil, j'ai souri au bonheur
Bercée par des rêves couverts de champ de fleurs.
Ce revirement de sensation paraît presque irréel
Et les premières lueurs du jour enjambent l'Estérel
La limpidité nouvelle de mon cœur m'étreint
Et le noir semble disparaître au petit matin.

Une simple nuit pour que tout semble changé,
Mais plus que cela, c'est un nouveau jour qui est né.
Et comment se prénomme ce jour de bonheur ?
Il a pris le doux nom de « Demain » dans mon cœur
Et le chant d'accueil de ce jour nouveau vibre en décibels.
Mes idées et sentiments s'inscrivent en riche dentelle
Et font la farandole pour célébrer la naissance de Demain
En espérant que les jours à venir seront tous des « Demain » !

La fin des vacances

Juste au lever du soleil,
Lorsque la nature est encore toute recouverte de rosée,
A peine sortie de mon dernier sommeil,
J'ai poussé délicatement le petit portillon rouillé
Qui me faisait entrer dans ce si beau jardin,
Et j'ai suivi à pas lents l'allée jusqu'à la tonnelle
En me délectant de cet air pur du matin
Et de ce paysage digne d'une aquarelle.

Sans faire de bruit, au milieu des fleurs, devant cette merveille,
Je me suis assise sur un petit banc mousseux et délabré,
Écoutant les premiers gazouillis dans la treille
Et mes pensées se sont mises à vagabonder
Et à imaginer mille quatrains ou mille dessins,
En voyant passer dans le ciel ce vol d'hirondelles
Qui prévenaient que l'automne arriverait demain
Et que ce doux moment ne pouvait être éternel.

Bord de l'immensité

Un jour nouveau s'est ouvert pour nous au sommet de cette étrange falaise
Les petites souffrances passagères se sont mises entre parenthèses.
Nous pouvions dominer l'immensité des flots à perte de vue
Et s'imaginer maîtres du monde devant tout cet univers inconnu.
La puissance et la profondeur de ton regard ont traversé mon cœur
Et l'intensité lumineuse de tes sentiments m'a remplie de bonheur.

La beauté du ciel parsemé de nuages aux formes en perpétuel mouvement
Se reflète avec majesté dans les eaux bruyantes et agitées de l'océan
Et transcende ce sentiment de renouveau qui nous imprègne en douceur.
S'ouvrent alors de belles perspectives pour les futures journées et belles heures
Que nous partagerons, cœur contre cœur et main dans la main
Sans se soucier de la réalité et dans l'évasion jusqu'au retour prochain.

Le vent venu du large cingle doucement nos visages de ses rafales iodées
Et la sensation de vigueur et d'oubli du temps présent nous a enchantés,
L'impression d'un agréable vertige fait vibrer les portes du futur
Qui s'ouvrent, béantes et accueillantes, pour permettre une nouvelle aventure.
L'idée presque réelle de posséder enfin l'éternité gagne nos cœurs
Et nous jouissons sans retenue de la vérité pure du retour du bonheur.

« Falaises sur la Manche »
photo de Géraldine Willigens

Montagnes chéries

Montagnes arrondies et boisées
Montagnes arides et dénudées
Montagnes verdoyantes et accueillantes
Montagnes élevées et toujours enneigées !

Comment se lasser de ces paysages
Qui ravissent chaque instant le regard
Et que ne remplacerait aucun rivage
De mer, d'océan ou d'autres beaux parages.

Les sommets rejoignent le ciel
Où ils semblent s'embrasser
Dans une ambiance de lune de miel
Que rien ne pourrait arrêter.

Mais comment essayer d'expliquer
Ou plus et encore, de faire partager
Ces sentiments nés de la chance
De côtoyer ces montagnes depuis l'enfance.

Trajectoire beauté

Tout alentour, au milieu de cette splendide nature
Mon regard se trouve sans cesse interpellé et capté
De-ci, de-là, … montagne, colline, vallée, rivière, bord de mer, …
Tout est si beau, plein de richesses, trop souvent sans écho.

Mais ma sensibilité est là, toujours à l'affût
Et dès que mon œil a saisi l'une de ces splendeurs,
Tel un torrent en furie, l'effet est immédiat,
Mon émotion est à son comble dans mon corps tout entier.

Mon cœur palpite, tous mes sens répondent,
Mon corps tremble, et mon esprit est bouleversé,
Mes pieds trépignent attendant de m'emporter,
Mes bras n'aspirent qu'à embrasser l'univers.

Cette source de merveilles captée par les yeux
Trace son lit tout au long du corps
Et rejaillit sans cesse en bouillonnant
Et en débordant de plaisir et d'apaisement.

Soyons fou ....

Dansez, courez, volez, ...
Faites la farandole autour de la terre,
Et envolez-vous au milieu des planètes,
Vous vous évaderez et oublierez tout,
Les soucis, les chagrins, les tracas ...

Chantez, criez, délirez, ...
Faites une virée dans les airs et les mers
Et dépassez le ciel et les nuages,
Vous vivrez les plus beaux rêves
Et ne souhaiterez peut-être plus revenir.

Riez, pleurez, communiquez, ...
Faites résonner l'écho de vos voix
Et vibrer les cœurs tout alentours,
Vous éclaterez de joie au milieu de tous
Et sèmerez l'épidémie du bonheur.

Pensez, priez, pardonnez, ...
Faites naître et renaître les doux sentiments,
Et régner la paix sur le monde,
Vous serez les artisans d'un univers meilleur
Où règnera la plus parfaite des vies.

J'ai senti ta présence

Doucement, au cours de mon sommeil,
Bien avant l'heure de mon réveil,
J'ai été envahie d'une étrange sensation,
J'ai reconnu ton pas, ton parfum, ta discrétion.

J'ai senti sur mon front ta main apaisante,
Et dans mon âme ta présente réconfortante ;
Ton ombre transparente aux couleurs de l'amour
Semblait annoncer ton incroyable retour !

Tout un univers nous séparait, mais tu étais là,
Et non pas dans ce que l'on nomme l'au-delà,
Et mes tourments se sont évaporés
Laissant à leur place une sérénité retrouvée.

Qui osera dire que nos deux mondes ne sont pas qu'un ?
Qui osera dire que la mort serait une fin ?
Ces manifestations furtives mais réelles bien qu'éphémères
Sont la preuve indiscutable qu'il n'existe qu'un seul univers.

Et dans d'intimes moments, nous nous retrouvons
Et nos deux cœurs peuvent à nouveau être à l'unisson.

(Maman, tu es là, même invisible)

Délicatesse
Émotion

« La délicatesse est un don de nature,
et non une acquisition de l'art. »
BLAISE PASCAL

Espoir — Désespoir

Soleil qui pleure
Larmes de feu !
Comment lutter ?
Brouillard de malheur
Qui provoque ce jeu
Qui ne peut s'arrêter ?

Où est le bonheur
Qu'ils portent en eux
Tous ces humains déprimés ?

Je le porte en mon cœur
Et non plus dans mes yeux
Ce renouveau tant espéré.

Sentiment'Arts

Sur la palette aux couleurs chatoyantes de notre vie,
Tu as trempé le pinceau de notre vérité et
Dessiné les contours de nos visages aux couleurs de l'amour,
Et dans le miroir de nos âmes s'est reflété le double de notre Oui.

Sur la portée des partitions déposées sur le lutrin,
Tu as fait s'envoler des myriades de notes parfumées
Qui nous ont enchantés et se sont déposées en voile de douceur
Sur nos cœurs libérés, pour accueillir cette belle mélodie.

Dans nos cœurs de poètes tu as cherché et trouvé
Mille et un vers de rime et des écrits de proses
Qui dévoilent notre Amour et le transforment en cri de joie
Dont la résonance rebondira d'écho en écho.

Pour une prière ...

Après avoir longé lentement la petite ruelle,
J'ai gravi les marches du parvis de la petite chapelle.
J'ai pris soin de déposer délicatement ma mantille
Sur mes cheveux à la manière des femmes de Castille
Pour pénétrer dans ce mystérieux sanctuaire
Où de vieilles femmes récitaient le rosaire.

Il y flottait une douce odeur d'encens et de bougie
Et l'ambiance priante et chaleureuse m'a très vite envahie.
Je me suis agenouillée sur un prie-Dieu vermoulu,
Les dalles brillaient, usées par les pas d'inconnus.
Les rayons du soleil filtraient au travers des vitraux
Et des rais multicolores éclairaient les fonts baptismaux.

Une statue de plâtre aux couleurs pastelles
Représentant la vierge et l'enfant, amour éternel,
Semblait subitement prendre vie et m'inviter
A partager dans le silence et la joie cette intense piété.
Ma prière secrète, tapie au fond de mon cœur
Est montée vers le ciel et m'a inondée d'un grand bonheur.

Eglise du Tremblay – La Motte-Servolex (Savoie)
Aquarelle de Marie-Jo Blanc

Transmission

Tels des ballons légers et colorés,
Doucement les lettres se sont envolées
            m... e ... a ... i ... t ... e ... j ...
Libérées par l'élan de ta tendresse,
        Pour se redéposer tout en délicatesse
        Sur le tracé sublime de ce bel arc-en-ciel
Témoin de notre amour intemporel.
Un doux sourire a éclairé mon visage
        En recevant le plus doux des messages
        Gravé en lettres d'or au fond de mon cœur
Et sur les pages illustrées de notre bonheur :

« Je t'aime »

Je te cherche !

Mon regard transperce le ciel et s'accroche aux étoiles
Et mon cœur débordant d'amour cherche dans les voiles
Le souffle de ta vie et l'écho de ta voix partis pour l'éternité
Et cachés derrière ces nuages où je voudrais te retrouver.

Mes cris de désespoir et mes larmes amères percent le silence
Attendant le signe, même fugace, de ta secrète présence
Pour éclairer ma nuit si douloureuse qui parait infinie
Et condamnée à n'être plus qu'une suite d'insomnies.

Le fossé est si profond entre ma foi et mon désespoir,
Qui pourrait me faire retrouver la sérénité au milieu de ce noir
Et adoucir cette plaie béante laissée par ton départ soudain
Qui a laissé s'installer en moi ce torrent de chagrins ?

(février 1977)

Etrange voyage vers l'au-delà

Une atmosphère d'une étrange douceur, irréelle,
Où mes pensées intimes s'entrecroisent pêle-mêle,
M'a soudainement envahie et enveloppée
Dans ses volutes inconnues, agréables et ouatées.

Ce chemin, montant en pente douce, baigné de lumière
S'est ouvert devant moi, m'aspirant toute entière.
L'intensité de la blancheur incomparable et si pure
M'a transportée dans un monde sans mesure.

Ce voyage délicieux, sans aucune violence,
M'a conduite vers la source de cette jouissance
D'où nul ne souhaite s'échapper ou revenir
Tant il y fait bon car tout n'est que plaisir.

Un sentiment de flottaison et d'apesanteur
Envahit mon corps d'un parfait bonheur
Me laissant contempler des moments de ma vie
Paraissant ne plus m'appartenir dans ce paradis.

Dans ton habit de lumière, toute en transparence
Tu m'as accueillie les bras ouverts au milieu du silence
Pour me remettre dans la direction de la vie
Puisque, pour toi, mon passage terrestre n'était pas fini.

Merci Maman et au revoir.
Janvier 1991

Retrouvailles

Après tant d'années enfermées dans leurs convictions,
Et réfugiées derrière cet immense mur d'incompréhensions,
Elles se sont rencontrées par le plus grand des hasards,
Et n'ont pu éviter l'interpellation de leurs regards.

Dans ce face à face douloureux où leurs pensées s'entrechoquaient
Leurs cils embués frémissaient, et leurs respirations enflaient,
Faisant l'effet d'une tempête incontrôlable, pleine d'indécence,
Et aucune d'elles ne trouvait le moyen d'interrompre ce silence.

Silence beaucoup plus éloquent que tous les mots de la terre.
Leurs âmes arpentaient le vide en courant en tous sens, sans repère
Le long de ce précipice où elles pouvaient tomber au moindre faux pas,
Elles restaient pétrifiées, rivées au sol par cet incontournable embarras.

Qui des deux franchiraient la première cette porte de la réconciliation ?
Pour faire table rase de ces années de silencieuses dissensions
Et repartir sans rancune, main dans la main et cœur contre cœur
Comme cela n'aurait jamais dû cesser en brisant leur bonheur.

La folie des sentiments restés enfouis au fond de leurs entrailles
N'a demandé qu'à faire rejaillir l'amour qui jamais ne défaille
Et les faire tomber dans les bras l'une de l'autre, libérées enfin
Du carcan des non-dits et des certitudes qu'elles croyaient sans fin.

Mains

Je les ai senties souvent si fraiches et si douces sur mon front fiévreux
Lorsque j'étais enfant et que Maman veillait sur moi comme sur un bien précieux;

Je les ai entendues avec délice pincer les cordes de la harpe ou de la guitare,
Ou courir sur le clavier du piano pour révéler cette belle mélodie de Mozart ;

Je les ai vues danser une superbe chorégraphie, ballet incompréhensible,
 Pour communiquer avec ceux dont nos paroles sont complètement inaudibles ;

Je les ai admirées de transformer cette simple boule d'argile déposée sur le tour
En une superbe poterie façonnée avec un immense talent et beaucoup d'amour ;

Je les ai imaginées faire naître un délicat poème au bout de la plume encrée
Sur la page immaculée qui n'attendait que de se couvrir de vers spontanés ;

Je les aimées quand elles dispensaient avec tendresse des soins délicats et
précis
Pour apaiser douleurs et frayeurs incontournables de ces personnes en fin de
vie;

Je les ai haïes de brandir sans vergogne ces armes de guerre, en hurlant
Et de saluer des dictatures et oppresseurs, d'un geste insolant et triomphant ;

Expression de vie, expression de sentiments,
Tel le regard, elles parlent, sans mentir ni se dérober !
Elles sont l'instrument incontournable, relationnel et vivant
De l'humanité à la recherche inlassable de fraternité.

Ce sont nos MAINS, magnifique symbole !

(poème écrit à l'occasion d'une exposition sur le thème « les mains »
à Crest dans la Drôme - avril 2011)

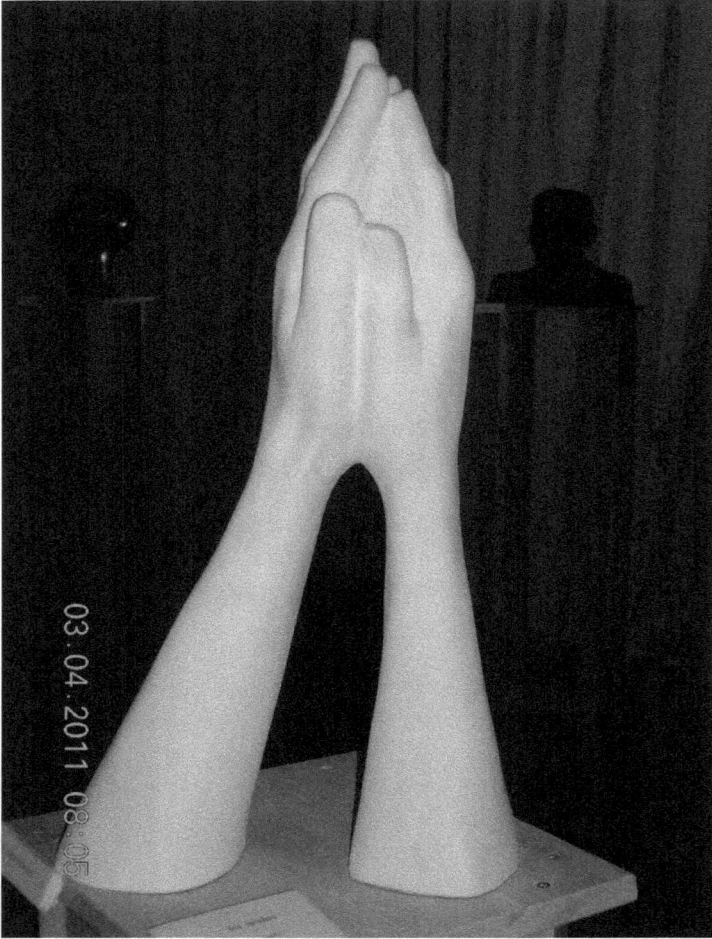

« Mains jointes »
Sculpture de Florence Enders

Pleurs apaisants ...

Le soleil, hôte de mes yeux et de mon cœur,
A pleuré en silence toute la nuit
Sous le regard attristé de la lune ;
Les longs sanglots et le flot de mes larmes
Ont donné naissance à des torrents
Jaillissants et bondissants des montagnes

Une douce brume enveloppe ce paysage
Telle une ouate salvatrice sur une plaie
Et la complainte de mon cœur
Semble s'atténuer au fil du temps.
La farandole des sentiments profonds
Se déploie lentement dans les méandres de la vie.

Une flambée de sentiments doux et apaisants
S'est enroulée autour de mon cœur
Amenant à petits pas la douceur de miel
Capable d'effacer ces maux pour faire place
De la plus belle des façons au dernier pardon
Qui fera renaître sans regrets le plus bel amour.

Fleuve de la vie

Un fleuve d'amour serpente doucement
Dans la vallée escarpée de la vie,
Suit son cours de méandre en méandre et
Contemple avec douceur les berges du bonheur.

Au fil des saisons, aux couleurs si variées,
Son flot tantôt plane, tantôt tumultueux,
Charrie les évènements et les sentiments
En laissant certains s'accrocher sur les rives.

Telles des alluvions déposées au fil du temps,
Les souvenirs s'écrivent et s'inscrivent
Dans les livres et dans les cœurs aimants
Pour laisser leur trace dans un futur infini

Mes chers poilus

Partis pour sauver leur patrie,
Le cœur léger et la fleur au fusil,
Fiers de leur enrôlement dans cette armée
Qui les avait choisis et qu'ils devaient aimer.
Ils n'imaginaient pas leur court avenir,
Et ne sont partis ou revenus que pour mourir.

La grande guerre a fauché ces jeunes gens
Après en avoir fait des combattants.
Combien y sont restés, morts au combat,
Et combien de gazés n'en réchapperaient pas,
Morts à petit feu dans d'atroces douleurs
Et de terribles souvenirs pleins la tête et le cœur.

Du fond de ces sinistres tranchées, et à distance
Les cris de ces jeunes gens percutaient le silence ;
L'horreur, la peur, le désespoir et la cruauté
Contrastaient avec l'espoir, l'amitié et la solidarité
Et résonnait le chant de la désespérance infinie
Quand grondaient les canons de l'armée ennemie.

Des jours, des mois, des années sans repère,
Si ce n'est l'horreur et la peur, inimaginable calvaire.
Tous ces êtres sacrifiés au nom de leur patrie
Sont-ils assez glorifiés après tant de barbarie
Et toutes ces victimes obligées n'ont connu qu'un sort
Celui d'être inscrits sur nos monuments aux morts.

(Hommage à mes deux grands-pères Henri et René, morts pour la France)

René et Philomène Hochard
mes grands-parents paternels

Yvonne et Henri Houdouin
mes grands parents maternels

Ambiance Harmonie

Bien-être...

Mes sentiments font la farandole
Tout autour des prés de ma vie
Et mon cœur s'ouvre en corolle
A chaque souffle de nos envies.

Dans ce décor d'aquarelle,
Où se mêlent amours et cendres
Je m'envole telle une hirondelle
Vers le firmament en méandres.

Au milieu d'un concert de silences
Se dessine un arc-en-ciel transparent
Qui crée une magique ambiance
Pour effacer tous les tourments.

Bonheur mon compagnon

Ce matin, dès mon réveil, le soleil était à peine levé
La pelouse était encore couverte de perles de rosée,
Les oiseaux avaient entamé leur chorale dans le bosquet
Et tu es arrivé à pas de loup pour toquer à mon volet.

Tu as envahi d'un seul coup mon corps et mon esprit
Cette visite laissait présager une journée de vrai paradis
En osmose parfaite, nous avons joint nos mains et nos cœurs
Et nous nous sommes envolés, tourbillonnant des heures.

Nous planons dans l'irréel, survolant sans peur la réalité
Et jouissons quelques moments d'un semblant d'éternité.
Que ne dure jamais une parfaite et éphémère sensation ?
Et que ne jouissons-nous pas de ces moments de passion ?

Bonheur, compagnon de vie, adopté par amour,
Puisse notre communion intime demeurer toujours.

Réveil

Ce matin, le soleil est à peine réveillé,
Il s'étire langoureusement sur son oreiller,
Avant de déplier ses longs et chauds rayons
Qui viendront réchauffer monts et vallons.

L'épaisseur ouatée de quelques nuages
Cache les sommets qui griffent le ciel
De leurs pointes acérées et sauvages
Et ce paysage m'est vraiment essentiel.

Les instants de ce pur délice se mirent
Dans les profondeurs des rêves inachevés
Et leurs reflets illuminent sans fin
Le tableau d'une vie qui se construit.

Toutes les âmes sans nom s'unissent
Une farandole délicieuse les entoure,
Les pensées d'un imaginaire farfelu naissent,
L'au-delà d'où nul ne revient jamais se dessine.

Dans chaque volute blanche de sentiments purs
Prennent vie la désinvolture et la rébellion
Que dissimulaient la nuit et la réserve
Mais qui se transforment au petit jour.

Nul ne connait la fin de cette future journée
Dont le contenu se créera à chaque seconde.
Le soleil est enfin complètement réveillé
Et ses chauds rayons réchauffent nos cœurs.

Partie d'osselets – photo de Jacques Hochard

Cour de récréation

La cloche de l'école vient de retentir
Annonçant l'heure attendue de la récréation
Et libérant une envolée de jeunes enfants
Criant, riant, jouant, sautant, dansant, ….

Les groupes se forment rapidement
Selon les goûts et les affinités de chacun,
Deux équipes choisissent un jeu de ballon,
Tandis que d'autres, plus calmes
S'installent à cheval sur un banc
Pour une longue partie d'osselets.

Un peu plus loin quelques filles
Tracent un jeu de marelle jusqu'au paradis
Et d'autres ont sorti leurs cordes à sauter.
On peut aussi apercevoir des joueurs de diabolo
Et un groupe qui a choisi de jouer à cache-cache.
Il y a bien sûr aussi ceux qui ne jouent pas
Mais préfèrent les conservations et chuchotements.

Une cour de récréation fourmille d'enfants
Qui semblent oublier, pendant cet intermède
Tout ce qui pourrait les différencier.

(1956)

Une journée qui commence

Accoudée au rebord de ma fenêtre au petit matin
Tout semble encore endormi après cette nuit sans fin
L'obscurité s'effiloche lentement, insensiblement
Et une agréable lueur semble poindre au firmament.

Tout mon corps jouit de cet instant de renouveau
Qui chaque matin est un véritable cadeau,
Quand après le silence de la nuit naissent les premiers bruits,
Des pépiements de moineaux au milieu des taillis.

La pelouse scintille de mille feux colorés
Toute couverte d'un tapis de perles de rosée
Et une douce sensation de bien-être et de fraicheur
M'annonce une nouvelle journée de bonheur.

Le grenier

L'attrait du grenier de cette vieille demeure a éveillé ma curiosité
Et a mené mes pas, presque involontairement, vers l'escalier vermoulu ;
La porte de bois a grincé doucement sur ses vieux gonds rouillés
Et j'ai pu pénétrer dans cet univers faiblement éclairé et inconnu.

Un amoncellement de vieux meubles délabrés et de cartons épars
Jonchait le plancher poussiéreux et semblait relié par les fils d'araignées
Tissés au fil des ans et dont nul n'avait franchi le transparent rempart,
Et je m'aventurai, précautionneusement, entre ces souvenirs éparpillés.

Ce vieux secrétaire aux multiples tiroirs et casiers semblait attendre
Et m'inviter à une exploration de son contenu de papiers jaunis ;
Quelques cahiers remplis de phrases écrites à l'encre violette tendre
Jouxtaient des enveloppes aux timbres de couleurs défraîchies.

Tous ces trésors d'un autre temps devaient contenir des secrets
Et j'osais à peine m'immiscer dans l'intimité de leurs auteurs disparus
Mon cœur chavirait devant cette découverte d'un passé indiscret
Mais il me semblait impossible de m'interdire de dévoiler cet inconnu.

Mes mains tremblaient d'émotion et ma curiosité s'amplifiait encore !
Allais-je découvrir des sujets tabous depuis plusieurs générations
Ou m'imprégner d'histoires d'amour ou de famille que tout le monde ignore ?
Ces instants mystérieux provoquaient l'envol de mon imagination.

« Salle de classe » - tableau de Dominique Debourg

Ma salle de classe

Il m'est doux d'évoquer les tendres souvenirs
Que m'a laissé ma salle de classe élémentaire :
Le tableau noir et la craie qui grince,
L'odeur du poêle à bois qui crépite,
Les flacons d'encre violette et nos porte-plume,
Les pupitres à casiers qu'il nous fallait cirer,
La douce voix de Sœur Agnès
Qui jamais ne se fâchait et toujours souriait.
Elle avait un sens artistique très communicatif.
Après les exercices studieux et quelquefois laborieux,
Elle avait plaisir à nous récompenser et
Poussait les tables pour nous apprendre à valser.
Les jeunes filles, disait-elle, doivent savoir danser.
D'autres jours, c'est la poésie qui était à l'honneur.
Il nous fallait broder les mots pour créer des poèmes.
En ouvrant son cœur à la vie et à sa grande beauté.
Elle nous a communiqué l'amour et le respect de la nature.

Tous ces doux souvenirs remontent en moi
Avec un brin de nostalgie mais un immense bonheur

L'orage est passé ....

Une petite virée dans la campagne pour me ressourcer
En traversant ce joli petit bois jusqu'à l'orée
Je suis enfin arrivée aux bords du petit étang
Dont la contemplation m'offre de si doux moments.
                              L'orage est passé …

En distraction apaisante, je lance ces pierres rondes
Qui rebondissent à la surface plane de l'onde,
Et s'élèvent élégamment de ricochets en ricochets
Pour m'offrir le plus beau des ballets.
                              L'orage est passé …

Doucement sur les rives verdoyantes des eaux
La légère brise fait frémir les roseaux
Comme l'expression timide de mes sentiments
Qui fait vibrer mes cils sous des larmes d'argent.
                              L'orage est passé …

Et, un peu plus loin, à l'arrière dans ce marécage,
On peut entendre la grenouille qui coasse, bien sage,
Et l'écho de son chant résonne telle une fanfare,
Comme une voix qui s'estompe dans l'hymne du départ.
                              L'orage est passé …

Le ciel commence à se dégager lentement,
Les nuages s'effilochent, éparpillés par le vent,
La clarté et la pureté de l'ambiance de douceur
Illumine à nouveau l'environnement de mon cœur
                              L'orage est passé …

Puis, tout simplement drapée des derniers rayons du soleil,
Pour terminer naturelle cette petite virée sans pareil,
Et garder dans ma mémoire ces heures jouissives,
Après avoir déposé mes vêtements sur la rive,
Et m'être assurée d'aucune présence importune,
Je me suis glissée délicatement dans l'onde de la lagune.

                    L'orage était complètement passé !!!

84

A tire d'L

Pour que la vie ne soit qu'une merveilleuse ritournelle
Et que l'on s'imagine chaque jour avoir de nouvelles ailes
Il faut faire grimper des petits riens sur de grandes échelles !
Et prouver qu'en bonheur on excelle.

Allons voir et entendre, au bout de cette étroite ruelle
Chanter et jouer tous ces enfants de l'école maternelle
Certains jouant sagement, d'autres se cherchant querelle
Qui se récréent après avoir fait connaissance avec les voyelles.

Pourquoi pas ce soir un diner aux chandelles,
Regarder, coucher dans l'herbe, cette volée d'hirondelles
Ou encore, s'installer pour peindre une belle aquarelle ?
Visiter ce cher fermier et aller admirer son cheptel.

Pour que chaque journée commence par une bonne nouvelle,
Et nous épargne de toutes sortes d'épreuves cruelles,
Qui laissent parfois de profondes séquelles,
Rions, dansons, et chantons de belles ritournelles.

« Lac du Bourget (Savoie) à la tombée du jour »
Photo de Bruno Chevallet

Le Lac du Poète

Les rives sauvages du lac de notre grand poète
Éclairées par les derniers rayons du soleil couchant
Transcendent l'ambiance poétique et romantique
Qui imprègne tout un chacun qui s'y attarde.

La brume translucide, délicatement colorée et parfumée
Semble envelopper d'une chape de mystères
La vision des monts qui se reflètent sur l'onde
Frémissant au passage d'une douce et délicate brise.

La poésie de ce site merveilleux et émouvant
Enchante nos pupilles et nos cœurs à l'écoute,
Et cet oiseau qui plane dans le ciel aux mille couleurs
Nous évoque la vie dans sa plus grande liberté.

Agréable réveil

Accoudée au rebord de ma fenêtre au petit matin
Tout semble encore endormi après cette nuit sans fin
L'obscurité s'effiloche lentement, insensiblement
Et une agréable lueur semble poindre au firmament.

Tout mon corps jouit de cet instant de renouveau
Qui chaque matin est un véritable cadeau,
Quand après le silence de la nuit naissent les premiers bruits,
Les pépiements de moineaux au milieu des taillis.

La pelouse scintille de mille feux colorés
Toute couverte d'un tapis de perles de rosée
Et une douce sensation de bien-être et de fraicheur
M'annonce une nouvelle journée de bonheur.

Atmosphère automnale

Ce matin, au réveil, un banal matin d'automne …
Mais en décroisant les volets,… surprise !
Une pure féerie que ce paysage ouaté !
La chape translucide du brouillard a recouvert l'avenue
Lui donnant cet aspect mystérieux mais fugace.
Les bruits de la rue me semblent atténués
Comme le son du clocher qui égrène les heures,
Dans cette atmosphère automnale que j'aime,
Et qui enrobe délicatement tous nos chagrins et délices.
Et l'on perçoit, au travers, la luminosité du soleil
Qui donnera fin à cette image magique
Et laissera place à un ciel bleu et radieux

Mon père et moi
Noel 1983

Confidences au creux de ton cœur

Le terrible silence au fond de mon cœur,
Le poids si lourd de tous mes sentiments
Cachés dans l'abîme profond des douleurs
Sources de tant de durs et âpres tourments,
Pourrais-je un jour parvenir à te les confier
Et transpercer cette épaisse carapace amère
Qui au fil des ans, tel un terrible geôlier
M'a embrigadée dans de sombres chimères ?

L'accueil de tes bras si chaleureux,
L'amour ruisselant du plus profond de tes yeux
La fraîcheur câline de tes beaux sentiments
Et le son de ta voix me berçant doucement,
Tout est là pour accueillir mes confidences
Au creux de ton cœur plein de confiance
Pour libérer mon âme de toutes ces tortures
Qui me conduisaient droit vers ma sépulture.

Comme il fait bon sentir ton cœur grand ouvert
Solide et sans jugement devant mes mystères,
Pour accueillir discrètement cette confession
Et apaiser les affres douloureuses de mon obsession !
Comme il est bon de sentir ta présence,
Que j'avais failli oublier dans ma désespérance !
Comme il est doux de percevoir ta vraie chaleur
Pour recevoir mes confidences au creux de ton cœur !

Noel 1983

Solitude

« Il n'y a plus de solitude là où est la poésie. »
CHARLES-FERDINAND RAMUZ

« La solitude est riche quand on la traverse
et que quelqu'un nous attend. »

Pauline Michel

Larmes

Lorsque les larmes se déversent en torrent de chagrin
Et que les flèches acérées ricochent sur des cœurs en lambeaux
Le moindre rayon de douceur est espéré au bout du chemin
Pour atténuer ou effacer les querelles et rancœurs en étau.

Des paroles et sous-entendus glissent sans retenue
Sur les esprits embrigadés et fermés à tout genre de discours
Et l'explosion des mots qui fusent en cacophonie absolue
Détruit sans vergogne l'estime sans aucun espoir de retour.

Mais les limites insoupçonnées de la grandeur d'âme humaine
Peuvent sonner le glas de la discorde pour laisser poindre l'accalmie
Et accueillir un léger souffle d'apaisement pour chasser la haine
Qui s'était infiltrée et provoquait ce torrent de larmes infinies.

L'ambivalence des comportements et sentiments humains,
Proches de la haine et proches de l'amour, sans discernement,
Est source de tous ces conflits déchirants, dans un climat malsain
Mais la raison, le besoin et le désir de paix peuvent triompher finalement.

Combat d'orphelines, ma maladie et moi

Tu as frappé sournoisement à la porte de ma vie,
Et t'es installée comme si tu y avais été invitée,
Je n'ai pas tout de suite compris ton manège rusé
Pour investir mes jours et mes nuits, sans répit.

Ma lutte a commencé, pour te mettre à la porte,
Et te faire comprendre que tu n'étais pas la bienvenue
Mais mes efforts les plus soutenus ne t'ont pas convaincue,
Trop importune, tu t'es vite montrée la plus forte.

Tu as pris possession de mon corps et de mon énergie
Et ma résistance s'est complètement estompée,
Pour faire place à une atonie profonde et installée.
Tu dominais mes membres et mon esprit que tu avais conquis.

Au fond de mon inconscient et grâce à mon entourage
Sommeillait encore une petite flamme d'espoir
Pour que cesse cette ingérence de ton grand pouvoir,
Et j'ai pu reprendre doucement le dessus avec courage.

Au fil du temps qui m'avait paru suffisamment long,
J'ai décidé de t'adopter et de faire route à tes côtés
Puisque nous étions deux « orphelines », que la vie avait associées
Nous pouvions cohabiter et mettre nos vies au diapason.

La compétition de nos deux caractères et de nos défis
A duré quelques temps sans nous départager.
J'ai décidé, à bout de ressources, de t'apprivoiser
Pensant de la sorte pouvoir te tenir à ma merci.

Nous sommes côte à côte sur le même chemin,
Qui nous conduit inéluctablement vers la mort,
Et nous ne chercherons plus à rivaliser encore
Mais prenons notre avenir commun entre nos mains.

Le soleil se lèvera encore de nombreux matins
Et mes rires, mes doux sentiments et tous les bonheurs
Fleuriront encore davantage du fond de mon cœur
Pour un futur lumineux et toujours plus serein.

(en hommage à celles et ceux qui souffrent aussi de
maladies orphelines incurables sans jamais désespérer)

Cœur envolé !

Mon cœur, telle une douce colombe
Trop longtemps enserré dans sa cage
N'a pu résister à se transformer en bombe
Et faire éclater sans retenue sa rage !

Il s'est évadé en criant son espoir
Et s'enroulant dans ces voiles d'air pur
Il a traversé cette atmosphère noire
Qui le retenait en sinistre capture.

Enfin, après sa course folle,
Il s'est apaisé et réfugié dans ce paradis
Qu'il recherchait depuis son envol
Et maintenant il a trouvé une autre vie !

Et moi, restée sur cette terre,
J'ai vu et senti s'échapper mon cœur
Qui m'abandonne ici, solitaire,
Et en triste compagnie de mes peurs.

Mais peut-on rester ainsi longtemps ?
A contempler d'en bas ce qui se passe là-haut
Où s'est envolé notre cœur d'enfant
Que nous aimerions rejoindre bientôt.

Silence, mon ami

A l'orée du petit bois, au creux de ma si belle vallée
J'avais emprunté un petit sentier pierreux, pentu et désert
Et, soudain, j'y ai croisé le personnage le plus inattendu,
Mon ami Silence qui lui aussi cherchait un havre de paix.

Nous nous sommes reconnus dès le premier regard
Et nous sommes abstenus de toute parole et moindre bruit
Mais nous avons simultanément arrêté nos pas
Pour nous étendre doucement sur l'herbe fraîche.

Notre échange de pensées et de mots non prononcés,
Notre complicité si forte mais si silencieuse
Ont fait de ces purs instants privilégiés
Une partie de vie qui pourrait devenir éternité.

Sans issue...

Dans sa lourde tête, dans son triste cœur,
La vie est devenue d'une extrême pâleur.
Elle cherche, ce matin, une nouvelle escapade
Pour échapper encore au sinistre naufrage.

Puis s'est installée sournoisement sa tristesse ;
Elle s'est réfugiée confiante au fond de l'ivresse,
Mais le chemin escarpé était sans retour
Et l'a fait dériver seule loin de ses amours.

La page est tournée,... toujours le même refrain ;
Quand, dans la nuit, il n'y a plus de lendemain
Les tristes victimes malgré leurs criantes prières
Ne peuvent plus arrêter la spirale meurtrière.

Tout finit au cimetière ....

Errance sur la plage

Par cette journée sombre et froide du cœur de l'hiver
Je promenais mon corps somnambule sur cette plage,
Regardant au loin pour embrasser l'univers,
Et cherchant dans l'infini une planète sans âge.

Mes pieds nus sur le sable humide imprimaient leurs traces,
Comme pour faciliter le retour probable vers la réalité ;
Je ne me retournais pas craignant qu'elles ne s'effacent,
Alors qu'à l'instant présent j'avais besoin d'éternité.

Le soleil timide et couchant semble se noyer dans l'océan,
L'horizon, dans ce mélange de couleur, se confond avec l'infini,
Les portes du ciel semblent grincer sur leurs gonds de diamant,
Et l'atmosphère chaleureuse mais glaciale provoque un doux tournis.

Au milieu de cet étrange spectacle de sons et de lumières,
Les voiles gonflées d'une petite et légère embarcation,
Tendues par mille projets d'espérance et comme en prière,
Se détachent sur ce ciel assombri et cherchent l'évasion.

Par cette journée sombre et froide du cœur de l'hiver
J'ai promené mon corps somnambule sur cette plage,
Regardant au loin pour embrasser l'univers,
Et j'ai trouvé dans l'infini une planète sans âge.

Douleur

Douleur, tu effleures mon cœur,
Tu étends ton ombre sur ma vie,

Douleur vive, douleur sourde,
Comment échapper à ton emprise
Que je sens si sournoise et déterminée ?
Ton voile m'embrigade sans vergogne
Et conditionne chacune de mes pensées.
Qui peut comprendre cet enfermement
Dont tu m'enveloppes avec acharnement ?

Douleur, tu effleures mon cœur,
Tu étends ton ombre sur ma vie,

Douleur aigüe, douleur cachée,
Comment écarter tes tentacules
Qui broient mes os et mes désirs ?
Ton insinuation paralyse ma vie
Et transperce violemment mes sens.
Ma vision, mon écoute et mon ressenti
S'en trouvent anéantis sans recours.

Douleur, tu effleures mon cœur,
Tu étends ton ombre sur ma vie.

Un si beau rêve anéanti...

Mais où peuvent s'envoler les rêves, les si beaux rêves ?
Leur accomplissement mène sur les plus beaux sommets.
Où peuvent-ils fuir si vite et si subrepticement
Anéantissant le bonheur dont ils nous avaient comblés ?
Le cauchemar et la haine peuvent chasser des cœurs toute cette beauté ;
Il ne faut qu'un instant pour qu'une si grande félicité ne devienne drame
Et que le seul souvenir ancré dans les esprits qui se croyaient en fête
Ne soit plus qu'un désastre et la cause d'un torrent de larmes intarissables.

Des années d'espoir, des mois de travail, des jours de bonheur…
Et en quelques minutes, tout est balayé, entaché et anéanti,
Tel un beau paysage ravagé par la violence inexpliquée d'une tornade.

Le cœur grand ouvert, la confiance naïve, le partage d'un rêve entre amis,
Être solidaire, surmonter les difficultés, croire en l'entière réussite,
Quoi de plus beau à porter malgré la fatigue et la responsabilité ?
Les sentiments font un salto arrière dont ils ne se remettront pas.
La trahison et la déception sont si fortes que les cœurs sont méconnaissables.
La haine, cette inconnue, y est entrée sans frapper, et s'y est installée.

Mais où peuvent s'envoler les rêves, les si beaux rêves ?

(2010)

Prisonnière de sa bulle

Sa beauté, la profondeur de son regard et la douceur de son sourire
Illuminent les cœurs au jour de sa naissance, merveilleux souvenir.
Le déroulement de sa vie, unique et dans un monde qui lui appartient
Est difficilement compris par ceux qui l'entourent de leur amour
Et les manifestations de son intelligence si réelle mais si différente
Restent un mystère que nul ne peut espérer éclaircir ou pénétrer.

Les difficultés relationnelles dues à ces différences incomprises
Ont amené à son isolement et à une séparation douloureuse,
Incompréhensible tant on sait la profondeur de son amour inexprimé,
Et ce mur infranchissable qui se crée entre elle et les siens
Pourra-t-il un jour s'effondrer pour laisser place à la paix
Dans une atmosphère merveilleuse et pleine d'espérance ?

Une bulle si transparente mais si infranchissable entoure sa vie
Et personne ne parvient à comprendre qu'il faut l'accepter,
La différence peut devenir source d'enrichissement de part et d'autre
Cette cloison invisible mais si réelle ne peut disparaître ;
Mais la vie à l'intérieur de cette bulle est peut-être mystérieuse,
Et ne pas donner l'envie d'en sortir sous peine de grande désillusion.

Elle est entrée dans les ténèbres

Par cette petite porte imaginaire dont les gonds semblent grincer
Elle a pénétré sur la pointe des pieds, avec une grande appréhension
Dans cette lourde ambiance de ténèbres à l'odeur de poussières ;
Son âme en lambeaux se répand tout autour d'elle sur le sol
Et nous donne l'impression qu'elle marche sur des sables mouvants.

Elle en a complètement oublié son passé tout proche mais si lointain,
Et le rayonnement de ses sentiments sur la planète de la vie.
Elle ne sait pas comment s'abandonner sans remords ni regrets,
Et essayer de faire entendre son cri dans la tempête de sa vie
La chape de désespérance, dans un grand mouvement d'orgueil
Projette une ombre démesurée sur les parois de son enfermement.

L'écho de toutes les voix alentours s'entremêlent en cacophonie
Sans laisser aucune chance à la voix de la raison de se faire entendre.
Les mélanges de visions et d'images éphémères sans réalité
Créent encore davantage de désordres et de douleurs dans nos cœurs
Et l'arrivée au terminus de ce couloir de ténèbres
Est pour elle, malgré tous ses efforts, sans espoir de retour.

Son absence définitive se fera ressentir cruellement et pour longtemps,
Même si l'on sait que des ténèbres, elle sera passée dans la liberté.

Abandon

Signe d'amour et de désespérance,
Que voir d'autres dans cette sentence,
Une maman au cœur déchiré et sans espoir
Qui choisit l'abandon sur ce parvis
De l'enfant qu'elle aime plus que sa vie.

Enveloppé d'un linge délicat brodé aux initiales
Pour un espoir d'une future identification filiale.
L'empreinte du regard d'une maman noyé de larmes
Restera à jamais gravé sur le front de son bébé
Délicatement allongé au fond de ce panier d'osier.

Le choix du prénom est soigneusement calligraphié
Sur un petit papier glissé sous le coussin, par amour sacrifié.
Pour fuir le jugement et comprendre ce geste désespéré
Il faudrait pouvoir sentir ce lien indéfectible et insensé.
Mais qui peut imaginer le dilemme de cette maman sans avenir
Car nos regards traversent les choses et les gens sans rien dire.

L'orage gronde dans le lointain condamnant sans remord
Ce geste d'abandon pour la vie de l'enfant qui s'endort.

Le train de la vie

Le train de sa vie s'en est allé,
Il a quitté le quai vers l'éternité
Et l'a laissé seule, abandonnée
Après ces longues années.

Les feux arrière du convoi du néant
S'estompent tout doucement
Au fur et à mesure de l'éloignement
Qui la plonge dans un manque béant.

L'irrémédiable et douloureuse séparation
Advient telle une dernière sanction
Et n'autorise aucune nouvelle illusion
Mais ouvre son cœur à une grande émotion.

Lumière
Couleurs

« Il n'y a pas de lumière sans ombre. »

Couleurs

La farandole des couleurs a pris son élan
Et s'est envolée au rythme de mes sanglots
Laissant derrière elle une odeur de bonheur
Pour un retour différé mais certain.

La vie en noir et blanc, ponctuée de gris
A égaré sa palette et ses pinceaux magiques
Et mes larmes délayent sans pitié leurs traces
Pour ne former qu'un torrent incolore

Mais la force et la vitalité des couleurs
N'ont pas dit leur dernier mot ni abandonné
Et leur retour en force et en apothéose
Redonne à la vie son plus noble caractère.

Le nouveau souffle du zéphyr invisible
Réinvente les couleurs d'arc-en-ciel
Qui bousculent en douceur tout ce gris
Vers une merveilleuse et chaude ambiance.

La Fenaison

Hier encore ces prés verts croquants d'une herbe haute et fraiche
Donnaient cette impression de couleurs flamboyantes presque fluorescentes
Mais n'attendaient que le top donné par le fermier pour entamer les foins,
Etapes nécessaires au renouveau de l'espèce végétale dans son cycle obligé.

Les moissonneuses et autres engins de grande envergure se sont activés
Dans ces champs immenses baignés par les chauds rayons du soleil,
Remplaçant avec soulagement les faux de nos anciens agriculteurs,
Et les paysages ont changé, comme par magie, apparences et couleurs.

Les machines impressionnantes et sophistiquées ont arpenté les terrains
Laissant ça et là les meules de foin tassées et roulées prêtes à être rentrées
Pour assurer une nourriture indispensable à nos animaux pour l'hiver.
Les prés sont maintenant couleur jaune et lumineuse comme le soleil.

Petit à petit le vert va revenir, comme dans une renaissance de la nature
Et les prés seront à nouveau prêts à être fauchés à la période du regain.
Le spectacle sans cesse renouvelé nous laisse dans un état admiratif
De ce processus naturel et indispensable à la vie de tout être vivant.

Après la fenaison
photo de Bruno Chevallet

Lune

La lune joue à cache-cache avec les nuages
Et projette au sol des ombres difformes
Pour alimenter notre rêverie nocturne ;
L'esprit vagabonde sous la voûte céleste
Où les étoiles font la farandole tout alentour.

Dans la nuit de la non-existence
Elle semble être la lumière de renaissance,
Lucarne éclairée dans la nuit de l'abandon
Et son reflet sur l'onde presqu'endormie
Fait résonner un concert de beauté dans nos âmes.

Mystérieuse planète au milieu de l'univers,
Nouvelle et influente sur toute l'humanité
Elle transcende les rêves et les espérances
Quand, au matin, elle s'estompe dans la clarté
Et semble s'effacer pour s'endormir en douceur.

La nuit tombe

La nuit tombe doucement sur la ville qui s'endort sans peur
Et la brume s'effiloche petit à petit entre les dernières lueurs.
Les bruits semblent s'atténuer et s'éteindre en douceur
Pour ne laisser place qu'à une certaine et agréable langueur.

La transparence de l'air se transforme en une opacité apaisante
Qui calfeutre les tourments ou réveille les peurs dormantes.
Le contraste de la pénombre et de la clarté nous enchante
Et ce clair-obscur enveloppe petit à petit la journée mourante.

Les dernières fenêtres allumées témoignent d'une réelle présence,
Et éclairent le chemin des passants attardés ou en errance,
Pressés ou délicieusement charmés par cette douce ambiance.
La douceur de la nuit qui tombe se pare d'agréables nuances.

Couleurs de vie

Ce matin en entrouvrant les paupières
L'unique image qui se dresse devant moi
Semble être un mur… couleur noire … !

Mais non, il ne s'agit que d'un voile
Noir, bien sûr, mais un voile …

En ouvrant la fenêtre, une douce brise
Fait frémir et voler délicatement
Ce rideau sombre qui me sépare de dehors.
Mon esprit prisonnier et encore si chagrin
Décide de tenter la traversée de cette opacité
Et vole timidement au devant d'une lumière
Qui l'attire … tout en l'effrayant.

Mais où sont passées les couleurs ?
Le bleu du ciel, le vert de l'espérance,
Le rose de la douceur, le jaune du soleil ?
Devant, d'un côté, de l'autre, la palette a disparu,
Mais en jetant un coup d'œil en arrière,
Toutes les couleurs sont bien là
Attendant d'être à nouveau invitées
Dans le doux voyage d'une nouvelle journée.

Ville kaléidoscope ?

D'un pas rapide et les yeux baissés vers le sol,
On regagne, comme chaque soir, son domicile.
Après cette journée de labeur exempte de toute forme de couleurs,
L'asphalte, d'un gris sans relief, accentue la lourdeur de la fatigue.
Et pourtant, en levant le regard attiré par quelque lumière,
Toutes les couleurs se manifestent et pénètrent l'esprit fermé et chagrin.

Les feux tricolores apportent cette première touche lumineuse,
Puis l'éclairage multicolore des vitrines alléchantes,
Les vêtements colorés de tous ces passants pressés ou flâneurs,
Le drapeau français qui flotte au dessus du parvis de la mairie,
Le ciel bleu qui va doucement prendre sa couleur de nuit.
Le vert tendre des feuilles de platanes qui bordent l'avenue,
La luminosité des lampadaires qui s'éclairent un à un.

La ville ne serait-elle pas uniquement grise ?
La nature et la vie s'associent pour entremêler joliment toutes les couleurs.

Soir sur la ville

Lentement, le soleil s'est caché derrière les collines
Et une douce pénombre s'étend calmement sur la ville,
Les réverbères s'éclairent un à un, tout comme les vitrines
Et les derniers passants regagnent leur domicile.

La lune timide se reflète dans une flaque oubliée
Et des ombres sveltes ou majestueuses se dessinent
Sur les trottoirs et façades de la ville préparant la veillée
Après cette belle journée qui doucement se termine.

Une nouvelle atmosphère s'élève sans bruit de la ruelle
Et l'impression de romance et de mystère nous envahit,
Laissant voguer notre esprit dans un monde irréel
D'où aucun ne souhaite s'échapper pour une autre vie.

Ruelle d'Arles à la tombée du jour
photo de Brigitte Willigens

Dans le loft du peintre

Invitée à une visite personnelle et privée
Dans l'antre mystérieux de cet ami artiste,
J'ai pénétré avec appréhension et naïveté
Au sein de cet univers qui semblait irréaliste.

A première vue, ce désordre indescriptible,
Se transformait rapidement en décor multicolore
Qui semblait composé par un esprit invisible
Pour donner l'illusion d'un paradis de trésors.

Dans un coin, sous la verrière inondée de soleil,
Un chevalet supportant une toile inachevée
Aux couleurs variées et lumineuses nous accueille
Et éveille notre imagination et notre curiosité.

Un peu plus loin, à l'ombre d'un parasol protecteur
Sont alignés les pots entamés de tous les coloris
Prêts à leur utilisation prochaine par le peintre rêveur
Quand l'inspiration et l'envie seront à nouveau réunies.

Derrière la porte, pendus aux patères de bois,
La blouse tachée de toutes les couleurs mélangées
Et un chapeau de paille effrangés se côtoient,
Semblant faire partie de ce beau décor bien organisé.

Sur les murs, sont accrochées çà et là quelques aquarelles
Dont les thèmes et les couleurs ravissent mes pupilles
Et me font apprécier ces œuvres proches de l'irréel
Au point que mes yeux d'amateur pleurent et scintillent.

La visite de cet atelier dont je ne soupçonnais pas la beauté
Aura ouvert mes yeux de profane en matière de peinture
Sur un univers souvent incompris de désordre colorisé
Qui peut être, en soi, une œuvre composée et sans démesure.

Brindilles

Les brindilles d'herbe vertes ou desséchées, oubliées par la faux
Dans ce petit caniveau le long du chemin de terre entourant le pré
Semblent saluer le randonneur au passage et lui prouver sa survie
En ce balançant doucement au rythme de la brise ambiante.

Il est agréable de s'arrêter et apprécier simplement ce tableau,
C'est presque une danse légère pleine de douce poésie colorée
Que nous offrent ces herbes folles porteuses de graines ou d'épis,
Par la variété de leurs coloris, leur fragilité ou leur vigueur apparente.

Ce ne sont que des brindilles qui auraient pu ne pas être aperçues
Sans le regard à l'affût du promeneur nonchalant et peu pressé
Qui recherche le petit détail naturel plein de beauté et de vie
Dont l'approche et l'intérêt apporte une vraie sérénité éminente.

Brindilles sur fond de ciel
Photo de Bruno Chevallet

Chez mon amie

Sur ces marches de pierre usées par des pieds inconnus
J'ai gravi pas à pas ces escaliers aux contremarches moussues
Bordés par ces touffes de lavande mauves et odorantes
Où butinaient les abeilles travailleuses et dansantes.

L'arrivée sur la terrasse baignée d'une pleine lumière
Émerveille mes yeux clignant sous mes paupières
Quand m'accueille si gracieusement ces volubilis
Couvrant le mur de crépi blanc, telle une longue pelisse.

Les volets bleus croisés pour maintenir la fraîcheur
Donnent une note de couleur supplémentaire à mon bonheur
Avant de pénétrer dans la demeure où je me réjouis
D'une belle rencontre ensoleillée chez une douce amie.

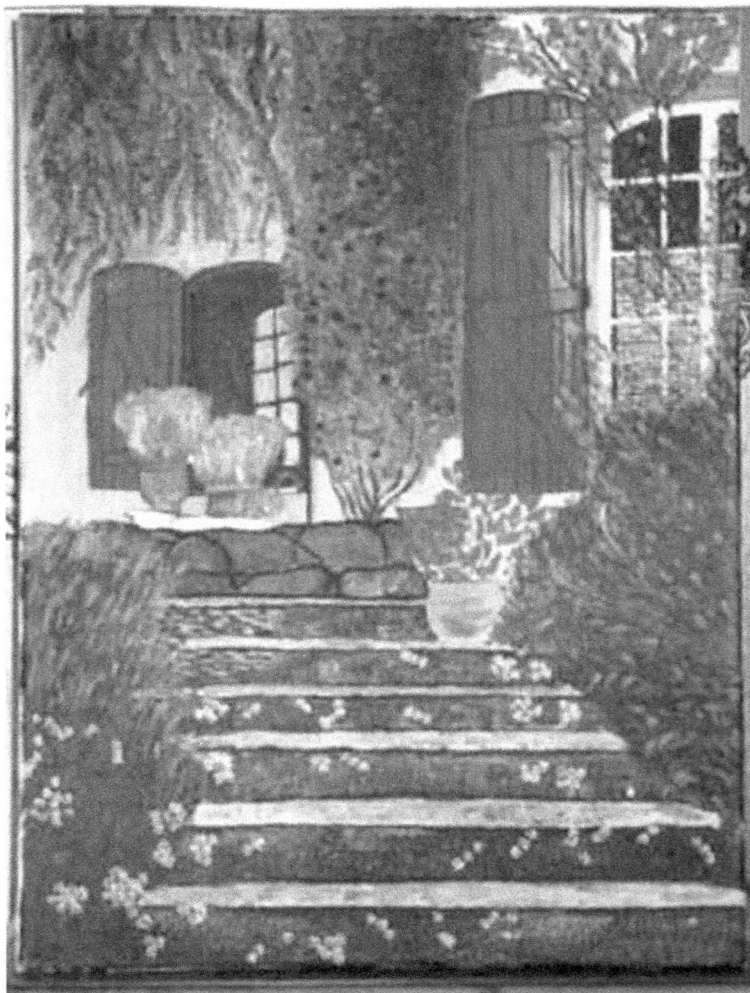

« Escaliers »
Tableau de Domie

Table des matières

www.ingramcontent.com/pod-product-compliance
Lightning Source LLC
Chambersburg PA
CBHW051735090426
42738CB00010B/2259